SUR L'EMPLOI

du Sirop

Anti-Goutteux.

MÉMOIRE

SUR LE TRAITEMENT

DE LA GOUTTE,

PAR LE MOYEN DU

Sirop Anti-Goutteux,

PRÉPARÉ

PAR LE Sr THÉODORE BOUBÉE,

PHARMACIEN A AUCH.

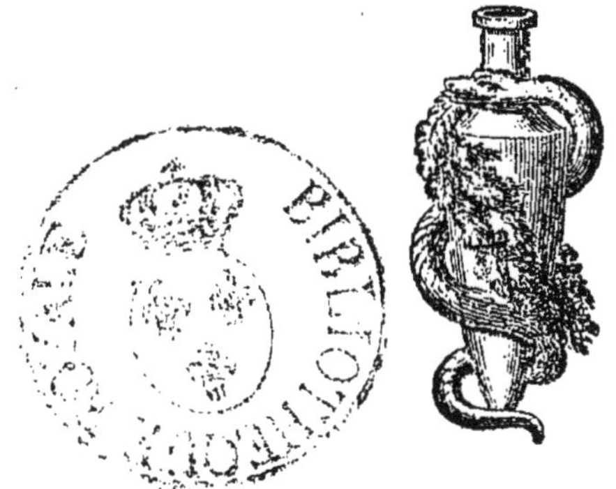

AUCH,

J.-A. PORTES, SUCCESSEUR DE Mme Ve LABAT,

IMPRIMEUR DE LA PRÉFECTURE.

1829.

Prix de la Bouteille........... 30 fr

— de la demi Bouteille...... 15

Toute Bouteille qui, ainsi que le présent Mémoire, ne portera pas la Signature du Sieur BOUBÉE, *pourra être considérée comme frauduleuse.*

Avertissement.

L'AUTEUR de ce remède est le fils d'un goutteux, qui n'a pas une seule articulation des quatre extrémités, où des concrétions tophacées, des courbures des doigts en dedans, n'attestent que la Goutte a exercé ses plus cruels ravages. Pendant vingt années, ses concitoyens l'ont vu, l'hiver, couché dans son lit, et l'été, immobile dans un fauteuil, ne goûter de la vie que les horribles souffrances de la Goutte, jusqu'à ce que profitant de l'heureuse découverte de son fils, il est parvenu à obtenir non seulement un soulagement à ses maux, mais la guérison de sa maladie.

Aussi, aujourd'hui, âgé de soixante-quatorze ans, au moment d'une vieillesse réelle, se trouve-t-il dédommagé, par la santé la plus robuste, des dix années d'agonie qu'il a si horriblement supportées.

Telle est l'expression réelle d'une vérité sur laquelle le témoignage de toute une population ne laisse aucun doute. C'est à la vue d'une cure si admirable que les goutteux, émerveillés, ont instamment sollicité l'emploi d'un médicament que l'auteur n'avait d'abord destiné qu'à lui-même; et la renommée, répétant de bouche en bouche les guérisons qu'il opérait sur les autres comme sur lui, a éveillé l'Administration locale, qui a, de tout son pouvoir paternel, engagé l'Auteur à répandre le bienfait de ce remède salutaire.

C'est ainsi que dans tous les arts, la nécessité et une routine intelligente conduisent à de précieuses découvertes qui, ensuite vues de près et commentées par la science, y trouve toutes les raisons qui ont dû conduire à la réussite, et de là les théories éclairées et les seules certaines.

Voyant les succès qu'il obtenait sur la Goutte, des personnes atteintes de Rhumatismes aigus et chroniques se sont adressées à lui, et la guérison a de près suivi l'administration de son remède (1).

La manière dont ce médicament s'est propagé, est le meilleur argument pour combattre les raisons des personnes qui croient que le meilleur remède contre la Goutte est de n'en faire aucun; car, d'abord ignoré,

(1) M. Labordere, propriétaire à Pau.

ce n'est qu'à ses propriétés qu'il doit sa naissance et sa réputation. Ce n'est pas, comme la plupart des remèdes secrets, une composition combinée d'après les propriétés de ses ingrédiens, et qu'une théorie souvent plus lumineuse que solide, nous donne comme applicable en telle ou telle affection, et souvent dans toutes. C'est, au contraire, un enfant du hasard, dont les propriétés surprenantes ont fait analyser les parties, et dans lequel la science a, en tout, trouvé des raisons suffisantes.

Il y a quelques années, lorsque le Sirop anti-goutteux n'avait que quelques cures à son appui, les uns disaient que ses effets n'étaient dûs qu'au hasard, à la disposition heureuse du malade; d'autres, que ce n'était qu'un léger palliatif qui diminuait momentanément les accès pour les reproduire à des temps plus rapprochés. De plus sinistres prophétisaient ce moyen comme un dérivatif perturbateur, devant être la source des plus terribles catastrophes. Enfin, de plus incrédules niaient et ses propriétés et ses effets.

Qu'est-il arrivé? que ce médicament, malgré ces fâcheuses prédictions, n'a produit que des effets salutaires chez toutes les personnes qui en ont fait usage, terminé les accès en quatre ou cinq jours, éloigné de deux années les paroxismes chez celles qui n'en ont pris qu'une seule fois (1), et chez d'autres qui ont fait un traitement préservatif, évité le moindre retour (2).

Que de vieillards qui, depuis longues années, ne vivaient qu'au milieu des souffrances les plus cruelles et les plus continues, privés de tout mouvement, mènent aujourd'hui une vie douce, et vaquent à leurs affaires ! (3)

Comme la rosée céleste, partout ce médicament a répandu le bien ; et comme pour contredire le génie du mal, ni jeunes ni vieux, aucun de ceux qui en ont fait usage, n'a vu s'éteindre le flambeau de la vie dont il contribue à faire goûter les douceurs.

(1) M. GAGES, juge au Tribunal de commerce, à Auch.

(2) M. BOURRE, limonadier à Mont-Louis.

(3) M. FRETIERES, propriétaire à Cebazat.
M. BOUBÉE, mon père.

MÉMOIRE

SUR LE TRAITEMENT

DE LA GOUTTE,

PAR LE MOYEN

DU SIROP ANTI-GOUTTEUX.

DE LA GOUTTE ET DU RHUMATISME.

LA Goutte prend différens noms, suivant les parties qu'elle affecte : *podagra*, si elle est aux pieds ; *sciatica*, si elle est à la cuisse ; *chiragra*, si elle est aux mains, et *gonagra*, si elle est aux genoux.

Les personnes atteintes par cette cruelle maladie, ont ordinairement de grosses têtes, sont d'un tempérament pléthorique, d'une constitution forte, vigoureuse, et ont tous les signes d'une longue vie. Elle attaque particulièrement ceux qui vivent dans l'aisance, les plaisirs et la molesse ; ceux qui ont fait un usage immodéré des spiritueux et des femmes, et plus particulièrement encore ceux qui, par état, se livrent à des travaux de cabinet journaliers, et qui, délaissant le soin de leur santé, ne font aucun exercice pour la maintenir.

La Goutte ne vient pas seulement aux personnes grasses ; elle attaque aussi, quoique moins fréquemment, des gens maigres et fluets. Elle n'attend pas non plus que l'on soit devenu vieux ; on l'a quelquefois tout jeune, surtout si on en a reçu le germe de ses pères. Elle n'a pas de période aussi réglé chez les personnes âgées que chez les jeunes, parce que la chaleur naturelle et la vigueur du corps étant diminuées, elle ne peut se fixer et s'enraciner si bien sur les articulations. Cependant au bout d'un temps, elle prend une forme régulière et devient périodique, tant par rapport au temps qu'elle vient qu'à celui que dure le paroxisme : de sorte quelle est toujours plus cruelle après qu'elle a fait des progrès, que dans le commencement.

La Goutte est une maladie des articulations ; elle est régulière ou anomale, et le plus souvent elle dégénère, et devient de régulière, anomale.

La Goutte régulière prend tout-à-coup sur la fin de janvier ou au commencement de février ; elle est ordinairement précédée d'indigestions et de crudités d'estomac, de flatutences, de pesanteurs et d'un engourdissement des cuisses. Le malade dort tranquillement jusqu'au matin, qu'il est éveillé par une douleur qui se fait sentir au gros orteil ou quelquefois au talon, au gras de la jambe ou à la cheville du pied. Cette douleur ressemble à celle qu'on éprouverait si un os avait été disloqué ; elle est accompagnée d'une sensation pareille à celle que produirait de l'eau chaude versée sur la partie affectée. Ces symptômes sont suivis d'un frissonnement et d'une petite fièvre : la douleur est très-supportable d'abord, mais elle prend de l'accroissement d'heure en heure, et est dans toute sa force le soir du même jour. Elle se fixe sur les os du tarse et du métatarse dont elle affecte les ligamens, de manière qu'il semble au malade que ces ligamens sont tendus ou déchirés, ou qu'ils sont rongés par les chiens, ou que les membranes de ces parties sont serrées et chargées d'énormes poids, ce qui leur cause une douleur si aiguë qu'ils ne sauraient y supporter le poids de la plus légère couverture. Les os, qui, dans toute autre maladie, sont insensibles, même lorsqu'on les casse, sont affectés dans celle-ci d'un sentiment si douloureux, que des coups de barre de fer, des cordes qui les serreraient fortement, des coups d'épée, des brûlures, leur feraient moins de mal. Le malade passe la nuit dans les souffrances les plus atroces, ne trouvant pas de posture pour la partie affectée.

Le malade n'éprouve de soulagement que 24 heures après le commencement du paroxisme. Alors il lui survient une sueur, pendant laquelle il s'endort, et il s'éveille soulagé ou moins souffrant. La partie affectée est enflée et rouge pendant deux ou trois jours; la douleur augmente le soir et s'appaise le matin. Deux ou trois jours après, elle se porte sur le second pied, l'affecte aussi fortement que le premier en suivant la même marche; quelquefois même lorsque l'humeur goutteuse est très-abondante, elle affecte les deux pieds à la fois et avec la même violence, mais le plus ordinairement elle ne les attaque que l'un après l'autre.

On a coutume d'appeler accès de Goutte une série

de ces paroxismes plus ou moins longs suivant l'âge et la force du malade.

Pendant la première quinzaine, les urines sont d'une couleur foncée et déposent un sédiment rouge et graveleux ; le malade, très-constipé, ne rend pas par les urines le tiers des liquides qu'il prend. Quand l'accès est sur le point de finir, il éprouve une démangeaison insupportable aux pieds, surtout entre les orteils, qui fait peler la peau. L'accès passé, le malade reprend l'appetit et ses forces plus ou moins vîte, selon que l'accès a été plus ou moins violent.

Voilà comment se déclare la Goutte régulière, accompagnée de ses symptômes propres et caractéristiques ; mais lorsqu'elle devient anomale, soit qu'elle ait été irritée par un traitement inconsidéré ou par une longue continuité, et que la nature n'est plus capable d'expulser l'humeur peccante par les voies ordinaires, les symptômes sont bien différens de ceux que j'ai décrits ; car la douleur, au lieu de n'affecter que les pieds, qui sont le siége naturel de cette maladie, se porte aux doigts, aux poignets, aux coudes, aux genoux et autres parties, avec la même violence qu'elle s'est jetée sur les pieds ; elle courbe un ou plusieurs doigts en-dedans et forme des concrétions tophacées dans les ligamens des articulations. Lorsqu'elle attaque le genou, c'est avec la plus grande violence ; elle lui ôte le mouvement et le tient roide comme si on avait enfoncé un clou qui l'attachât à quelque endroit du lit. La moindre secousse, le moindre choc causent au malade des douleurs affreuses qui ne sont supportables qu'en ce qu'elles passent vîte. Chez d'autres, elle s'étend partout le corps; elle remonte d'abord des pieds aux mains, ce qui est à-peu-près indifférent, ces parties étant également minces, peu charnues, exposées au froid et éloignées du centre; de là elle monte au coude, aux genoux, gagne jusqu'aux cavités des os innominés qui recouvrent l'os de la cuisse, ou, se détournant un peu, s'introduit dans les muscles du dos, du thorax. Le mal s'étend d'une manière incroyable, s'empare des vertèbres du col et de l'épine du dos, et va se placer à l'extrémité de l'os sacrum; la douleur attaque les nerfs, les ligamens des jointures et toutes les parties qui couvrent des os et y aboutissent. Cette Goutte irrégulière n'a pas de point fixe; tantôt elle se porte sur le cerveau, les poumons, les reins, mais bien plus particulièrement encore les organes de la digestion; l'estomac et les intestins, sont les points où elle fixe son siège; l'action qu'elle exerce sur ces parties est des plus graves, et la perte du malade a jusqu'ici été regardée comme assurée.

Telle est la description abrégée de cette maladie, des souffrances qu'elle occasionne et des ravages qu'elle exerce. La forme et le but de ce Mémoire, m'empêchent de donner plus d'étendue aux diverses affections qu'elle cause sur l'économie humaine, et à ses nombreux métastases.

DU RHUMATISME.

Le Rhumatisme se fixe sur les aponevroses et sur les membranes qui environnent les muscles. Il n'est pas aussi profondément situé que la Goutte; il n'est pas comme elle l'effet d'une organisation innée : c'est un désordre local qui provient de la suppression d'une sécrétion, d'une humeur coagulée par l'effet de la répercussion de l'insensible transpiration et par la soustraction du calorique de l'économie par le froid et l'humidité. La douleur qu'il cause est comprimante et gravative, et accompagnée d'un froid sensible dans la partie; il s'annonce sans enflure ni rougeur. L'humeur coagulée qui le produit n'étant pas aussi mobile, il ne fait pas des métastases rapides comme la Goutte. La Goutte, d'universelle, devient locale, tandis que le Rhumatisme n'est d'abord que local et ne devient universel que secondairement.

Le Rhumatisme arrive à ceux chez qui le système nerveux est le mieux constitué, lorsqu'ils s'exposent aux grandes variations de l'air, en passant du chaud au froid et du sec à l'humide, surtout lorsqu'ils habitent dans des lieux bas et mal sains. Ces causes produisent le Rhumatisme sans engendrer la Goutte. Ainsi le Rhumatisme provient de l'action d'une humeur coagulée par des causes purement physiques et fixée sur les aponevroses et les muscles, tandis que la Goutte dépend de l'action d'humeurs viciées, provenant aussi de la suppression de la transpiratiòn, et sécrétées par un estomac faible, avec le concours d'un système nerveux particulier.

Ces deux maladies, dont la cause et le siège sont souvent différens, ont entr'elles tant d'analogie, que souvent après plusieurs accès de Rhumatisme, la Goutte se manifeste, et alors c'est le Rhumatisme goutteux. Ce sont deux affections simultanées qui se confondent entr'elles, et qui exigent un traitement uniforme.

En considérant attentivement les symptômes de ces maladies, l'on voit qu'elles procèdent de la coction d'humeurs entièrement dépravées; car ceux qui y sont sujets sont épuisés par le grand âge, par les infirmités qu'ils ont contractées d'avance par la débauche, par l'usage prématuré et excessif des femmes, par la cessation subite des exercices corporels qui servaient à donner de la vigueur au sang et à fortifier le ton des parties solides. Il arrive de là, que la partie excrémentielle des sucs qui, auparavant, était expulsée par ces exercices, s'accumule dans les vaisseaux et fournit un aliment à la maladie.

On peut adopter aussi parmi les causes qui donnent la Goutte, les alimens de difficile digestion qui, pris en grande quantité par des appetits voraces, sont mal digérés par les organes délabrés de personnes affaiblies par l'âge, les habitudes, ou le peu d'exercice. Mais c'est surtout à l'usage excessif des liqueurs fermentées, qu'il faut attribuer sa cause la plus habituelle. Ces liqueurs détruisent les fermens destinés aux différentes coctions, et troublent la coction elle-même. Or, ces fermens détruits, le sang se surcharge d'humeurs, et toutes les coctions sont infailliblement dépravées, et les viscères, et surtout l'estomac, obstrués et affaiblis. En même temps que ces causes concourent à l'indigestion, le plus grand nombre tendent à relâcher l'habitude du corps et surtout les muscles et les nerfs, ce qui fait qu'ils s'imbibent facilement des sucs crus et indigestes. Ces sucs, en séjournant dans le sang, y acquièrent une propriété morbifique par l'action de la chaleur qui les fait tomber en putréfaction La nature étant trop faible chez eux pour corriger ces acrimonies, il en survient une maladie qui occasionne une douleur indiscible aux articulations et membranes qui couvrent les os.

D'après ce raisonnement, la Goutte est produite par des humeurs viciées avec prééminence d'urée, d'urate de soude et calcaire, provenant de la suppression de la transpiration, de la sécrétion acide d'un estomac faible, avec le concours d'une organisation nerveuse particulière.

Tous les grands maîtres qui, depuis Hyppocrate, ont écrit sur cette maladie, ont été d'un avis unanime sur cet objet; tous l'ont attribuée à des humeurs viciées, soit pituiteuses, soit bilieuses.

Mais la chimie moderne a déterminé la nature des concrétions produites sur les articulations par cette maladie.

Hyppocrate attribue la Goutte à un mélange de pituite et de bile échappée de leurs couloirs naturels, et déposés dans les articulations; de telle sorte que les tempéramens bilieux et pituiteux y seraient les plus sujets. L'opinion du père de la médecine est si vraie, que les goutteux rendent souvent par le canal intestinal une sérosité grise d'une odeur extrêmement fétide, contenant beaucoup d'urée ; d'autres fois l'estomac rejette, soit avant, soit après le repas, des gorgées d'une sérosité claire très-chargée d'albumine. Lorsque ces évacuations cessent, la Goutte les remplace.

Mon père, sujet à la Goutte depuis longues années, avait, il y a quelque temps, tous les soirs, un écoulement de fluides très-clairs provenant du cerveau, avec une sécrétion extrêmement abondante des glandes salivaires ; aussitôt que cet écoulement commençait à tarir, la Goutte se prononçait.

Gallien regardait la Goutte comme une simple fluxion d'humeurs pituiteuses.

Rivière avait dit que chez les goutteux le sang sécrétait une humeur saline, acide et corrosive.

Fernel croyait que cette maladie dépendait d'une faiblesse de cerveau qui exhudait une humeur pituiteuse et qui se rendait aux articulations.

Sidenham, qui a le mieux décrit cette maladie, dont il était lui-même fortement attaqué, l'attribue à la faiblesse de l'estomac qui sécréte des humeurs viciées et subtiles, et qui portent leur action sur les articulations et les glandes synoviales.

Boerrhave, avec plus de sagacité, dit que cette maladie provient de l'action d'humeurs viciées sur un système nerveux constitutionnellement faible, et qui manque d'équilibre et d'élasticité.

Dessault dit qu'elle est l'effet d'une suppression de la transpiration ; que la nature froide et humide du climat ; que l'oisiveté, la luxure, déterminent cette maladie à se manifester, et peuvent même la produire ; mais ce n'en est ordinairement qu'un des effets.

D'après ce que je viens de dire sur les causes qui occasionnent la Goutte, soutenue dans cette opinion par celles des grands maîtres que je viens de nommer, il paraît naturel que tout médicament qui rendrait à l'estomac le ton qui lui est naturel, au système nerveux sa force et son élasticité ; qui, par sa nature, détruirait la propriété irritante et corrosive des humeurs viciées produites par les divers systèmes, et qui en même temps expulserait ces humeurs rendues bénignes, devrait nécessairement arrêter les accès, rétablir le malade, et, par un usage périodique, prévenir les accès à venir, ou les rendre si peu intenses, que le goutteux eût de la peine à s'apercevoir de son mal. Tel est le médicament que j'offre au public. Les substances qui entrent dans sa composition, toutes de nature bénigne, et par-là incapables de produire aucun accident grave, jouissent chacune spécialement des propriétés éminentes que je viens d'énoncer, et qui portent leur action sur chacun des organes et systèmes que la Goutte affecte en particulier.

De la combinaison de ces diverses substances végétales, résulte un médicament homogène qui, administré dans les accès les plus violens de Goutte fixée, soit sur les viscères, soit sur les articulations, change la nature des humeurs qui occasionnent ces différentes douleurs, les expulse, raffermit l'estomac et le système nerveux, et rend en peu de jours le malade à la santé et à ses occupations.

Ce médicament, en forme de sirop, peut être administré dans tous les cas et à quelque période que soit l'accès. Il est également aussi salutaire dans les Gouttes remontées (1) que dans celles qui sont fixées aux extrémités. Beaucoup de personnes croient qu'il est dangereux d'administrer des remèdes dans le moment du paroxisme et de la fièvre, et cette opinion vient de ce qu'on confond les fièvres idiopathiques avec celles purement sympathiques; car il est certain que dans la Goutte, la fièvre n'est que l'effet du désordre occasionné dans l'économie par la violence de l'accès, et qu'en détruisant la cause, qui est l'humeur peccante, l'effet cessera nécessairement.

Tels sont les effets que ce médicament produit. J'entends déjà plusieurs personnes qui, dupes de l'em-

---

(1) Mon père, atteint de la Goutte depuis 30 ans, n'éprouvait depuis dix années des douleurs qu'au poumon, à l'estomac, au cerveau : à diverses reprises les médecins les plus éclairés de la ville l'avaient arraché des portes du tombeau, en rappelant la Goutte aux extrémités; mais chaque quinzaine ces douleurs reparaissaient dans ces viscères avec les symptômes les plus alarmans.

Depuis qu'il a fait usage du Sirop, ils ont disparu et la Goutte ne l'a plus tenu un quart d'heure au lit.

pyrisme et de la science un peu en retard pour le traitement de cette maladie, m'objecter qu'il n'est aucun remède contre la Goutte ; qu'il est vrai que la médecine, et plus souvent encore l'empyrisme, sont parvenus à procurer quelque soulagement à quelques goutteux ; mais que ces médicamens administrés à d'autres et dans les mêmes circonstances, n'avaient que redoublé les douleurs et souvent attiré la Goutte sur des viscères, et occasionné les accidens les plus funestes. Enfin, qu'il est reconnu par les médecins que le meilleur remède est de n'en faire aucun.

Ces aveux de la médecine ne prouvent que son insuffisance ; et s'ils étaient fondés, devraient nécessairement jeter l'alarme et le désespoir dans le cœur des personnes atteintes de cette maladie. Mais il n'en est heureusement pas ainsi ; la divine Providence plaça le bien à côté du mal, et le remède à côté de la maladie. La preuve la plus certaine, est en ces cures partielles opérées sur certains individus ; elles prouvent que lorsqu'on connaîtra bien la nature du mal, qu'on appliquera des remèdes appropriés, cette maladie se guérira comme toutes celles qui ne proviennent pas d'une altération de l'organisation.

Je pourrais citer à l'appui de mes raisonnemens, les cures nombreuses opérées par ce médicament, et certes les preuves en seraient décisives et nombreuses ; mais l'empyrisme a tant usé de ses moyens, que je craindrais qu'on me les retorquât. Je me contenterai de citer quelques cas variant l'âge et le degré de l'affection, et je choisirai seulement ceux où la guérison de cette maladie a été plus prompte et plus intégrale.

Est-il donc étonnant que la médecine ne soit pas parvenue à la cure de cette maladie ? Anciennement, il était reçu en principe que les substances les plus disparates pouvaient guérir les mêmes maladies; et, partant de ce raisonnement, les médecins employaient contre elles un assemblage de drogues incohérentes, qui se neutralisaient réciproquement, ou dont les unes détruisaient, par une propriété contraire, le bien qu'auraient pu produire quelques-unes de celles qui concouraient à la formation du composé. Tels sont les assemblages informes qu'étalaient pompeusement les anciens dispensaires, et je crois que c'est à cette confusion que les anciens médecins, qui décrivent si bien cette maladie, doivent l'inutilité de leurs efforts pour la combattre, quoique plusieurs d'entr'eux aient crû avoir trouvé le remède propre, comme Erostrate, qui promet au roi Ptolémée un remède efficace pour calmer ses douleurs goutteuses.

Je suis bien loin de ne pas rendre hommage aux talens, aux connaissances universelles des vrais médecins, dont on chercherait en vain de ternir le mérite et de nier la réputation. Personne, plus que moi, ne leur porte une juste vénération; mais je m'adresse aux demi-savans qui, sous les dehors d'un esprit fort, voulant cacher leur ignorance, vous disent sans autre raison que leur autorité: il n'y a pas de remède contre la Goutte. Vous leur citez des cures qui ont frappé tous les yeux, offrant de les renouveler en leur présence... Ils n'emploient pas des remèdes secrets... Mais qu'ils nous disent quels remèdes ils connaissent, quelles maladies ils guérissent.

Les nouveaux médecins, plus en même de combattre les maladies par les connaissances anatomiques, physiologiques et chimiques qu'ils sont en même d'acquérir, à un bien plus haut degré, délaissent, pour la plûpart, la connaissance des médicamens; et, uniquement attachés à un système qu'ils adoptent, ne voient, les uns, qu'inflammations, et n'emploient que des anti-phlogistiques; les autres, que débilité, n'emploient que des toniques; d'autres, qu'humeurs, ne veulent que des drastiques; d'autres, délaissant les causes, ne s'occupent qu'à calmer les douleurs et à pallier les effets; d'autres s'adonnant entièrement aux connaissances anatomiques, oublient qu'il existe des médicamens et des maladies qu'ils guérissent. Enfin, quelques-uns n'adoptant, d'après leur système, qu'un traitement unique, s'intéressent fort peu de la propriété des médicamens qu'ils n'emploient pas: de telle manière que si, anciennement, l'emploi des remèdes trop disparates nuisait à l'avancement du traitement de la Goutte, aujourd'hui, par un vice contraire, les médecins ne croient plus à la propriété d'aucun; et laissant les malades dans les engoisses les plus cruelles, se contentent d'entretenir le siège du mal dans les extrémités.

Les empyriques ont opéré plus de cures réelles de cette maladie, parce qu'employant les médicamens énergiques, ils parvenaient à déplacer le siège du mal, et procuraient un mieux sensible lorsque la disposition heureuse et particulière du malade empêchait le mal de se porter sur d'autres organes avec sa véhémence accoutumée. Mais cette réussite, qui donnait une vogue éphémère à leurs moyens, se terminait toujours par quelque catastrophe qui leur enlevait toute confiance.

Pour parvenir à ses fins, l'empyrisme a, tour à tour, employé des topiques répercussifs et des purgatifs drastiques : ces moyens procuraient également un soulagement subit en déplaçant le siège du mal ; mais l'humeur goutteuse, ainsi délogée, s'emparait d'une autre partie et quelquefois d'un viscère principal, et mettait la vie du malade dans le plus grand danger.

Enfin, de tous les essais que la médecine rationnelle et l'empyrisme ont fait sur cette maladie, il ne nous reste pas un seul médicament recommandable qui hâte ou arrête le cours des accès. Tous les médecins qui ont écrit sur cette maladie, ont indiqué les moyens qu'ils ont prônés avec emphase, mais que la pratique a reconnu insuffisans, nuls, et quelquefois dangereux.

Le médicament que je présente est sans aucun inconvénient : son action est prompte et décisive, mais sans le moindre danger. La combinaison des végétaux qui entrent dans sa composition est telle, qu'après avoir changé chimiquement la nature des humeurs, les avoir rendues entièrement bénignes, il en décharge doucement l'économie, mais sans choc et sans occasionner le moindre désordre. Sur tant de personnes à qui il a été administré, il n'en est pas une seule qui en ait éprouvé le moindre dérangement. Il n'en est pas non plus une seule chez qui il n'ait produit un mieux des plus sensibles. Si le désordre était tel qu'il fût impossible de les guérir radicalement, il peut être administré dans quelque circonstance que se trouve le malade ; et pour sa réussite, il n'est jamais nécessaire d'observer un régime sévère.

Il est cependant quelques règles auxquelles un goutteux qui tient à éviter les souffrances doit se conformer dans le cours de sa vie. Je vais le lui tracer en quelques lignes. Il doit d'abord toujours mouiller son vin au moins d'un tiers : s'il fait usage du café, y ajouter le moins de spiritueux possible ; éviter de faire trop long usage des farineux et d'alimens qui, en fermentant dans l'estomac, occasionnent des flatuosités et des aigreurs ; faire journellement, sans se fatiguer, assez d'exercice ; éviter les pensées chagrines et se tenir assez chaudement vêtu en hiver.

MANIÈRE D'EMPLOYER
LE SIROP ANTI-GOUTTEUX.

GOUTTE.

Comme on vient de le voir dans le Tableau de la Goutte, cette maladie affecte deux périodes bien marquées, qui nécessitent deux manières de les combattre.

Dans la Goutte régulière, cette affection n'attaque que les extrémités inférieures, et souvent elle borne son siège à l'orteil ou au genou; le retour des paroxismes est réglé, ses phases sont éloignées, et quoique les douleurs soient cruelles, la Goutte ne peut être considérée comme générale. Ce n'est que le commencement du drame; ce n'est qu'une déathèse goutteuse, et le traitement le plus simple, avec quelques dispositions préservatrices, en éloignent indéfiniment le retour, ou en tranchent à jamais le cours.

Dans ce cas, le goutteux attendra, pour le traitement, le moment du paroxisme, et alors il fera, avec 2 gros de fleur de tilleul, 12 onces d'infusion aqueuse, (de la même manière que se fait le thé). A cette liqueur passée et chaude, il ajoutera 4 cuillerées du Sirop anti-goutteux, et prendra ce mélange en une fois, le soir en se couchant, et continuera quatre jours de suite de la même manière et à la même heure.

Il observera de se tenir bien couvert pendant la nuit. Le jour, il pourra se tenir levé, mais vêtu de laine. Il mangera un peu moins que d'habitude, (toute diète trop sévère serait plutôt nuisible que salutaire). Il évitera les mets épicés, le café et les liqueurs spiritueuses, au moins pendant les 4 jours de traitement; comme aussi, pendant ce temps, il s'abstiendra de tout commerce charnel.

Pour Traitement préservatif.

Tous les mois, il prendra un seul soir seulement et de la même manière qu'il vient d'être dit, quatre cuillerées de Sirop dans douze onces d'infusion de tilleul, suivant pendant ce jour le régime prescrit.

Mais, lorsqu'au lieu d'une Goutte régulière, cette cruelle maladie a envahi tout le tempérament; que la cachexie goutteuse prédomine; que des douleurs vagues se sont montrées dans les différentes parties de l'organisation, et que, dans le cours habituel de ses paroxismes, elle parcourt toutes les extrémités, traînant après elle les douleurs les plus atroces; que des tiraillemens de la colonne vertébrale empêchent tout mouvement pendant le paroxisme, et laissent, après qu'il a disparu, la gêne la plus cruelle, alors le traitement actif doit être plus vigoureux, et celui préservatif plus souvent réitéré.

Au moment du paroxisme, le goutteux prendra, comme il est dit plus haut, quatre jours de suite, quatre cuillerées de Sirop anti-goutteux dans douze onces d'infusion de tilleul, observant, quant au temps et au régime, les mêmes règles.

Si, après ces quatre jours, il restait encore quelque douleur vive et poignante, il se reposera un seul jour et continuera encore trois jours le même traitement.

S'il reste quelque douleur vague et que le gonflement ne disparaisse pas entièrement, il n'y a pas de quoi s'alarmer; tout se dissipera peu à peu, et quelques jours après, il ne restera plus de traces.

Le plus souvent, dans les cachexies goutteuses, pendant le traitement, le paroxisme marque ses traces par le gonflement des parties où ordinairement il exerçait ses ravages, mais sans douleur, et le gonflement disparaît en quelques jours.

Voilà en quoi consiste le traitement actif dans les Gouttes anomales.

Quant au traitement préservatif, il est nécessaire, pendant le premier temps, de prendre tous les 15 jours, un soir seulement, 4 cuillerées de Sirop dans 12 onces d'infusion de tilleul.

Et de faire un traitement actif toutes les fois qu'il y aura paroxisme. Pendant les premiers temps, la Goutte conservera de son intensité, mais elle cédera peu à peu, et après quelques administrations, le paroxisme perdra toute sa force.

RHUMATISME.

Dans les Rhumatismes aigus, dans les Rhumatismes goutteux, on suivra le même traitement que pour la Goutte régulière.

Mais dans les Rhumatismes chroniques, souvent

très-opiniâtres, il faut plus d'énergie dans le traitement, et suivre celui indiqué dans la Goutte irrégulière.

Durant le traitement, soit par l'abondance de la transpiration, soit par l'activité donnée à la circulation, les malades éprouvent un léger sentiment de soif. Il est essentiel de ne pas prendre de liqueur froide, mais au contraire un bouillon d'herbes ou un bouillon de viande très-peu chargé et chauds, feront le plus grand bien.

Monsieur B***, Capitaine d'infanterie allant en semestre dans le département des Landes, est pris en route d'une violente attaque de Goutte. La tuméfaction des extrémités inférieures s'étendent jusqu'au genou ; il a les chevilles tellement gorgées qu'il ne peut supporter aucune espèce de chaussure, et dans cet état de souffrance, il est obligé de s'arrêter à Paris ; et va loger à l'hôtel des Etats-Unis, passage des Petits-Pères. Dans cet hôtel, les soins les plus assidus ne diminuent pas les souffrances, lorsqu'il se décide à faire usage du Sirop anti-goutteux. Le Capitaine, encore dans la force de l'âge, en éprouve la guérison la plus rapide. Deux jours après il chausse ses bottes, aussi ingambe qu'avant la première attaque.

Il remercie le ciel d'une si heureuse trouvaille. Il part et emporte une provision de ce médicament, promettant d'en user en temps et lieu.

Mr C******, quai aux Tuiles, à Paris, ressent, pour la deuxième fois, une violente douleur à l'orteil, avec gonflement et rougeur. Convaincu, d'après ce symptôme et la disposition de son tempérament, qu'il est atteint de la Goutte, il commence l'usage du Sirop anti-goutteux, et le lendemain, douleur, gonflement et rougeur, tout a disparu, et il est encore à attendre la seconde attaque.

Mr..... près la rue St.-André-des-Arts, à Paris, âgé de soixante-cinq ans, est annuellement atteint de deux attaques de Goutte, qui le privent de tout mouvement pendant trois à quatre mois, et lui font éprouver les plus cruelles souffrances. Dans un moment d'attaque, après avoir fait usage d'un médicament prôné par ses amis, et qui avait considérablement aggravé sa situation, il se décide à faire usage de l'Anti-goutteux. Après s'être, pendant quelques jours, conformé au traitement, les douleurs atroces qu'il ressentait aux genoux s'appaisèrent, le gonflement considérable de ces parties diminua sensiblement, et le malade est rendu en quelques jours, à la santé et à ses habitudes.

La dame..... à Ordan, département du Gers, âgée de cinquante-cinq ans, d'un tempérament lymphatico-sanguin, avait éprouvé, avant la cessation de son flux menstruel, des attaques violentes d'un Rhumatisme goutteux. Mais, depuis cette époque, son mal s'était aggravé de la manière la plus affligeante, et aujourd'hui un engorgement tophacé des poignets, des genoux et des chevilles du pied, rendaient tout mouvement impossible à ces parties. Cet état affligeant durait depuis près de huit ans. La médecine avait vainement épuisé, par ses adeptes les plus renommés des environs, ses moyens les plus héroïques. La malade, au milieu des souffrances les plus cruelles, privée de tout mouvement, n'invoquait plus que la mort pour la délivrer de sa pénible existence, lorsque M. le Curé de sa paroisse l'engagea à faire usage de l'Anti-goutteux. Quatre jours après son administration, elle commença à marcher de manière à veiller à ses affaires, et recouvra, par un usage prolongé, sinon son agilité première, dumoins une nouvelle vie.

Mr...... rue St.-Dominique, à Paris, depuis près de seize ans atteint de la Goutte, avait habituellement, surtout vers le soir, les extrémités inférieures œdemateuses, et le mouvement de ces parties difficiles. Après avoir dîné en partie, il sentit un poids sur l'estomac. Son mal augmenta rapidement, l'engorgement de ces pieds cessa ; mais des vomissemens réitérés, une douleur insupportable, la difficulté d'une respiration pénible, firent juger qu'un métastase rapide avait porté la Goutte sur l'estomac. On lui administra l'Anti-goutteux, et quatre jours après, le malade se trouva non seulement guéri de l'estomac, mais encore sans douleur des extrémités.

Je soussigné, déclare qu'atteint chaque année d'une attaque de goutte qui me tenait au lit plusieurs mois de l'année, et me laissait pendant long-temps des douleurs vagues qui gênaient ma marche, pris par un paroxisme au mois de juin 1827, sur le bien que j'avais ouï dire du Sirop anti-goutteux, je me décidai à en faire usage. Ce Sirop calma subitement mes douleurs; et après la quatrième prise, obligé de faire un voyage à cheval de 12 lieues, je me trouvais assez bien pour le faire. Je certifie, en outre, n'avoir plus pris de ce médicament comme préservatif, et cependant, depuis cette époque, n'avoir plus éprouvé de douleur, quoiqu'il fût d'habitude que j'en eusse une chaque année.

En foi de quoi j'ai délivré le présent certificat.

GAGES aîné, juge au Tribunal de commerce, à Auch.

Cebazat, *ce* 16 *août* 1828.

MONSIEUR,

Atteint de la Goutte depuis trente-trois ans, ne pouvant user de mes bras ni de mes jambes, toujours le siège d'une œdematie épouvantable, pris au moindre mouvement, par les douleurs les plus atroces, tout le long des vertèbres, et ne fesant, depuis bien long-temps, d'autre trajet que de mon lit à mon fauteuil, et à l'aide des secours, j'ai fait usage de votre Sirop, et si je ne suis pas radicalement guéri, si je ne marche encore qu'avec le secours d'un bâton, toujours est-il certain que mes douleurs ont disparu, et que mon œdematie a cessé. Enfin, que je goûte une nouvelle vie; aussi, Monsieur, ne me séparerais-je jamais de ce précieux médicament. Recevez mes sincères remercîmens.

J'ai l'honneur d'être, Monsieur,

Votre très-reconnaissant serviteur,

FRETIERES, propriétaire.

Je déclare qu'atteint de la Goutte depuis longues années, et pris ordinairement au commencement de novembre, je passais six mois dans les plus horribles souffrances; la Goutte suivait tous mes membres avec une violence difficile à dépeindre, ne laissant un moment de repos ni à mes amis, ni à ma famille; et, au mois de mai, lorsque les paroxismes cessaient, il me restait encore une gêne sous la plante des pieds, et dans les articulations des doigts, qui m'empêchait de rien serrer avec force.

La Goutte, ce mois de novembre, m'ayant pris avec les symptômes habituels, sur la réputation dont jouit le Sirop anti-goutteux, je me décidai à en faire usage, et six jours après je marchais librement, n'ayant, depuis le premier jour, supporté aucune douleur, quoique les gonflemens habituels eussent eu lieu. Je certifie, en outre, que depuis cette époque, la gêne des plantes des pieds a disparu, et que mes doigts ont repris toute leur force.

En foi de quoi j'ai délivré le présent certificat.

Auch, le 1er mars 1829.

PUJOS, Bandagiste.

Bordeaux, ce 1er *juin* 1828.

Monsieur,

La manière dont vous employez le Sirop anti-goutteux est rebutante et impossible à suivre pour certaines personnes qui ne peuvent pas observer une diète aussi sévère.

Aussi ai-je essayé d'un moyen moins gênant, et qui a produit des effets constans, puisque quatre de mes amis à qui je l'ai conseillé en ont obtenu les succès les plus heureux.

Je fais une infusion de tilleul, et dans cette infusion je verse 4 cuillerées de Sirop, que je prends en une seule fois le soir en me couchant, et n'observe d'autre régime pendant les 4 jours que de manger un peu moins qu'à l'ordinaire.

Je vous prie d'essayer ce moyen, qui rendra plus commode et plus général l'usage de votre précieuse découverte.

J'ai l'honneur d'être, etc.

(1) BENASSIT JUNIOR, négociant.

M...... Colonel, quittait Lyon avec son régiment, lorsqu'à la 4e étape, il commence à éprouver les symptômes de la Goutte, et bientôt une attaque des plus sérieuses tient ses pieds et ses genoux, et par des paroxismes successifs, ne lui laisse pas un moment de liberté, lorsque arrivé à Nancy, il entend parler du Sirop anti-goutteux. Il en fait usage, et quatre jours après, ses douleurs, la tuméfaction de ses genoux, tout a disparu, et il jouit de plus d'agilité qu'avant sa dernière attaque.

Reconnaissant d'un effet aussi inattendu, M. le Colonel ne cesse de prôner l'éloge mérité de ce médicament.

Tarascon, *ce* 10 *mars* 1828.

MONSIEUR,

J'ai l'honneur de vous faire tenir 30 francs, montant de la bouteille de Sirop anti-goutteux que j'ai fait prendre chez vous pour mon beau-père, M. Lacroix, notaire. Le prix de ce médicament m'avait paru élevé ; mais ses effets m'en ont fait oublier le prix ; il est des choses qui ne coûtent jamais trop cher.

(1) Je manifeste publiquement ma reconnaissance à M. Benassit, pour son conseil qui a parfaitement réussi et que j'ai adopté dans ce Mémoire, après avoir toujours obtenu des effets constans dans les essais nombreux que j'en ai faits.

Mon beau-père a vu dans 4 jours son accès se dissiper, et depuis cette époque, n'a plus ressenti la moindre gêne.

J'ai l'honneur d'être, etc. DE RETZ.

A Monsieur le Rédacteur de la France méridionale.

Mont-Louis, le 28 janvier 1829.

Monsieur le rédacteur,

Je me crois obligé d'employer votre journal pour témoigner ma reconnaissance à M. Boubée, Pharmacien à Auch, et faire connaître au public les effets miraculeux qu'a produit sur moi le Sirop anti-goutteux qu'il prépare.

Sujet depuis plusieurs années à des attaques de Goutte qui me forçaient de garder le lit ou me privaient de tout mouvement pendant 6 mois de l'année, je me décidai, il y a deux ans, à faire usage de ce précieux médicament, et mes douleurs disparurent comme par enchantement; et depuis cette époque, je n'ai plus rien ressenti; il est vrai que j'en prends de temps en temps comme préservatif.

J'ose espérer, Monsieur le Rédacteur, que vous voudrez bien insérer la présente dans votre prochain Numéro.

J'ai l'honneur d'être, etc.

BOURRE, limonadier.

Il dépendrait de moi de citer un nombre infini de faits dont je reçois tous les jours le témoignage de reconnaissance.

Il me paraît inutile d'en multiplier les citations.

Mais comme il est peu de lieux en France où ce médicament n'ait été employé et toujours avec avantage, si des personnes atteintes de la Goutte me font l'honneur de m'écrire, je les mettrai toujours en même de prendre les renseignemens les plus positifs, comme je ferai mon possible pour leur donner des avis qui m'ont été dictés par l'expérience.

www.ingramcontent.com/pod-product-compliance
Ingram Content Group UK Ltd.
Pitfield, Milton Keynes, MK11 3LW, UK
UKHW021208230726
13926UKWH00001B/394